CINQUANTA SFUMATURE DI MARRONE

SIMONE ACHILLE CERRI

ABBATTIAMO L'ULTIMO VERO TABU': LA MERDA

Scandalizzarsi è oramai divenuto scandaloso.

Se vogliamo essere delle persone moderne, emancipate, al passo con i tempi, dobbiamo potere affrontare qualsiasi argomento in qualsiasi momento. State gustando una bella carbonara e un vostro commensale vi parla (con dovizia di particolari) della sua vita sessuale? Bene, anzi ottimale! Durante un aperitivo una vostra amica vi espone i suoi problemi mestruali scendendo in *approfondite* disamine ginecologiche (meglio l'assorbente interno o quello esterno?) Benissimo, sono cose naturali perché scandalizzarsi, fare quell'espressione schifata o, peggio, spostarsi con il vostro cocktail in direzione dell'uscita?

Siamo nel XXI secolo e non ci devono essere più barriere convenzionali tardo borghesi, scorie dell'antico finto pudore che ha diviso i sessi, represso le pulsioni, originato guerre, e tanti complessi.

Se ciò fosse vero, a rigor di logica, se davvero volessimo essere pienamente liberi da preconcetti, dovremmo potere affrontare *qualsiasi* discorso, mentre la sensazione è che, siccome si insite sempre sul sesso, si tratti di un modo indiretto di sfogare qualche prurito, o peggio a manifestazioni di maleducazione. Ma ammesso e non concesso che davvero il passaggio sia epocale, e che infilare la *fellatio* o la penetrazione anale in ogni discorso sia la *conditio sine qua* non per entrare in un nuovo rinascimento delle idee, e quindi l'imbarazzo su certi temi vada rimosso come un organo malato, allora la rivoluzione dovrebbe essere più completa e riguardare tutta la sfera delle attività umane.

E invece non è assolutamente così! Provate a dire (anche non in "orari pasto") che siete un colitico[1], e che avete bisogno di un cesso sempre a distanza ravvicinata come un leone di una gazzella, nel senso che si tratta di una questione di sopravvivenza.

Beh, sarete bollati, banditi, marchiati come rovinatori di conversazioni e mai più invitati, soprattutto se l'evento mondano si svolge in casa d'altri, dato che c'è sempre il rischio che annichiliate il gabinetto degli ospiti, e a nulla varrà sottolineare che da anni al termine della scarica ripulite ano e water.

Perché avviene tutto ciò?

Perché se uno descrive (in un libro, o in un film) le peggio pratiche sessuali magari anche in modo rozzo, fa i miliardi e in aggiunta è considerato un benefattore, un novello Spartaco che spezza le catene della schiavitù dei costumi tradizionali, mentre vi è ancora piena censura relativamente ai problemi intestinali?

---

[1] Da un qualsiasi documentario medico otteniamo la seguente definizione: "La colite è un gruppo di condizioni infiammatorie ed autoimmuni che colpiscono il colon, ovvero il secondo tratto dell'intestino crasso. Oggi il termine dovrebbe essere limitato alle affezioni specifiche del colon, ma in passato, col nome colite spastica, si indicava una serie più ampia di disturbi (ad esempio la sindrome dell'intestino irritabile o il morbo di Crohn). Tuttavia vi è ancora confusione sull'uso del termine, che spesso viene usato in maniera generica, oppure per indicare condizioni nelle quali l'eziologia dell'infiammazione non è stata ancora determinata". Siccome questo testo non vuole essere scientifico, ne affrontare problemi simili ma ben più gravi dal punto di vista della patologia, con il termine colitico si vuole raggruppare tutti coloro che avvertono con esagerata frequenza (e spesso in modo improvviso), un insopprimibile bisogno di cagare in quantità eccessiva.

Perchè in un gruppo di persone scelto a caso (colleghi, frequentatori di una palestra o di un circolo), si formeranno subito senza problemi o inibizioni agglomerati anche piuttosto "forti" come ad esempio i depressi, i divorziati, le lesbiche, i vegani, quelli che guardano i reality, ma se due colitici si vedono e si riconoscono (generalmente lo fanno litigando per arrivare al gabinetto per primi) allora non potranno mai manifestare all'esterno quale legame li tenga così uniti, e dovranno agire come dei neonazisti, che tramano nell'ombra per paura di essere scoperti?

Ma quale è la loro colpa? (parlo dei colitici, non dei neonazisti)?

Sono (siamo) nati con un problema che li costringe a delle limitazioni, tutto qui. Ci sono centinaia di libri su perversi e perversioni sessuali, su depressi, su menomati di ogni tipo che affrontano sfide quotidiane importanti. Ma ancora al mondo non si ricorda il diario di un colitico!

Forse in questo la colpa è anche del *cagone*[2] stesso, che non ha saputo organizzarsi (ve lo immaginate un *colitic pride*?) e che, fortemente cinico sin da quando ha compreso la sua condizione, non riesce a considerarsi uno dei "diversamente abili" oggi (giustamente) celebrati. Non c'è niente di *abile* in noi, dal punto di vista intestinale: *ubung macht den maister*, la pratica fa il professore dicono i tedeschi, e infatti l'unica abilità che abbiamo affinato e quella di riuscire a non cagarci addosso, nonostante un intestino bizzoso quando non malefico.

---

[2] Termine dispregiativo con il quale sono chiamati anche i colitici. I quali non sono per nulla permalosi...

Ecco insomma avete capito l'obbiettivo ambizioso di questo libro: SDOGANARE LA MERDA !

Si direbbe un'operazione politicamente, anzi *coliticamente* scorretta, ma perché no? E' successo con il sesso in tutte le sue versioni tanto che oramai i veri eroi di nuovo millennio sono pornostar, escort e transessuali, ma guai a parlare di perversioni, anche se vi attirano eroticamente gli animali quadrumani.

Non c'è nulla di perverso, nulla di sbagliato se parliamo di adulti consenzienti c'è l'hanno insegnato Freud, Kinsey Cicciolina, Belèn e E.L. James, dunque?

Il sesso oramai ci viene proposto ovunque: schiaccio un pulsante su internet e mi appare una "double penetration", durante il varietà dell'ora di cena giovani giovenche esibiscono gli organi sessuali con *nonchalance* estrema. Tutti possono mostrarci cosa avviene all'interno della camera da letto, basta munirsi di una webcam, far ubriacare il partner (in molti casi questo non serve neppure), ma statene certi, non si scandalizza più nemmeno un dodicenne brufoloso.

Ma se invece postassi, anche senza mostrare scabrosità, un mio video mentre, beato sulla tazza, defeco con gioia? Probabilmente mi prenderei una condanna per atti osceni, vilipendio alla bandiera, contrabbando si sostanze nocive e porto abusivo di testata nucleare. Mi applicherebbero tutte le aggravanti possibili e dopo la pena sarei rinchiuso in una casa di cura assieme a gente che canta "Marina" vestita da cow –boy. Nessuno dei garantisti dell'osceno, neppure uno dei Grandi Emancipatori di inizio millennio avallerebbe la mia causa, e dopo l'unanime condanna si spalancherebbero per me le porte dell'oblio, come una qualsiasi meteorina televisiva.

Non si vuole dubitare dell'importanza della liberazione dei costumi e dei suoi risultati, quanto dell'eccessiva attenzione che si dedica a questo tema, a scapito di altri, raggiungendo quindi risultati grotteschi.

Esemplifichiamo un'attività un tempo giustamente ascritta al *genus* perversioni come il sadomasochismo, che tanto successo e pruriti sembra generare oggi. Se fate notare che certi accessori come le fruste, la maschera in latex, le siringhe di acciaio o uno strizzacapezzoli non hanno alcuna attinenza con la *normale* vita sessuale e affettiva peggiorerete la vostra già traballante situazione: "Sono cose che ravvivano la vita di coppia. Non hai idea di quanti matrimoni sono stati salvati da una frustata".

Infatti, non ne avete idea e non volete averla, perchè ciò equivale a dire che un'amicizia è stata salvata da un calcio nel culo. Ma comunque in questi casi si annuisce rassegnati di fronte a certe stupidaggini, sicuri di avere sbagliato perlomeno pianeta, se questa è la logica imperante.

E se in un gruppo di conoscenti doveste poi ammettere che non solo non avete mai avuto esperienze di questo tipo, ma che inoltre l'idea non vi sollecita neppure, anzi trattasi a vostro avviso di una indecorosa manifestazione di tare devianti, allora farete la figura di una specie di Cromwell, un puritano sparato fuori da qualche tunnel spazio temporale, ed apparso chissà come in un happy hour del XXI secolo.

Poi è stato il turno della droga: ma cosa sarà mai la cocaina? E la cannabis? Roba da ragazzi, come la nutella, le seghe[3] guardando Playmen, e la birra alle feste…

Così fan tutti dunque basta ipocrisia, bisogna vergognarsi se ad un party qualcuno ci passa uno spinello e noi lo rifiutiamo! Antiquati e bacchettoni! Bene, ma se allora è doveroso, salutare e necessario parlare di cose naturali insite nella natura umana, o comunque che tutti fanno (o farebbero), perché non la cacca, che a differenza delle droga non è un vizio, e peraltro è utile per la liberazione del corpo da scorie nocive, momento di raccoglimento spirituale, fonte di concime per i campi e diuturna ginnastica da bagno per le viscere?

La risposta logica che si tratta di un tema che non si può affrontare, dato che ancora questa società non è pronta per parlare di merda. Avreste affrontato il tema delle coppie gay nel medioevo? Ecco l'esempio calza.

Questo perchè si tratta di una società finto emancipata e schizofrenica, nella quale la gente spende decine di migliaia di euro per ristrutturare i bagni che oramai sono la stanza più opulenta della casa ma, a conferma che defecare è un atto negativo, da rimuovere, a fianco di docce cromoterapiche, lavandini con colonne sospese e design da architetti e marchingegni domotici per regolare a distanza la temperatura dell'acqua, la tazza è rimasta tristemente la stessa nei decenni!

Ma perchè, mi domando, non esiste un bel wc con copriassa in cachemere, leggio incorporato, schermo lcd frontale, e massaggio per le gambe in caso di lunga seduta? Personalmente ho visto bagni di 20 mq

---

[3] Per i lettori maschi ndr

con Jacuzzi e senza bidet, e alla mia timida osservazione di questa stranezza mi è stato fatto notare che *non c'era posto per tutti e due, e dovendo scegliere...* Già, dovendo scegliere. Per pudore non ho domandato se il padrone di casa[4], per pulirsi il culo, si faccia tutte le volte un bel idromassaggio.

Quando andiamo a fare la spesa la gente compra la carta igienica quasi in fretta, e passando la butta nel carrello con il fare del cospiratore che mette un ordigno in un cestino. Poi, arrivata alla cassa, esclama meravigliata: "Oh come mi è finita qua dentro questa *roba (dispregiatvo)*? Vabbè la lasci magari ci incarto qualche cosa"[5], e poi passa ore a scegliere il pannolino adatto o il lubrificante intimo ostentando le proprie scelte davanti ad una folla compiacente.

Perchè due stitici possono parlare ad alta voce davanti al gigantesco reparto degli yogurt e dei bifidus assortiti, e consigliare a chiunque anche via etere il prodotto che *sgonfia* (termine infelicemente ipocrita) o che *aiuta la regolarità* (peggio ancora), mentre due colitici devono tramare nell'ombra e agire di sottecchi se vogliono fare lo stesso con la carta igienica. *Uh come è morbida questa, Si ma il rotolo finisce in fretta, a me con i miei problemi dura due giorni.*

Durante la cena ci dobbiamo sorbire pubblicità dove assistiamo ai problemi di donne con perdite, di vecchi incontinenti, di ragazzotte alle prese con le prime mestruazioni, di tizi che perdono sangue mentre si lavano i denti, di emorroidi, di brufoli adolescenziali. Invece il tema della defecazione è

---

[4] Si veda infra la sfumatura settima.

[5] E noi sappiamo bene cosa ci si incarta...

trattato al massimo in modo incredibilmente indiretto, e sempre nell'ottica (deviata) dello stitico.

Ma oltre al tabù nei confronti della cacca, c'è un altro problema, una vera e propria preordinata discriminazione nei confronti dei colitici in quanto tali.

Quasi certamente mentre io sto scrivendo un qualche scienziato, uno stitico sicuramente, chiuso in un lustro laboratorio sta studiando un modo affinchè in futuro questa funzione fisiologica possa venire abolita, magari con un pillola, o con una dieta a base di cibi sintetici già privi delle sostanze che poi il nostro organismo trasforma abilmente in cacca. Finanziato da multinazionali il cui consiglio di amministrazione è presieduto certamente da altri stitici.

Ciò che si vuole insinuare è che, oltre ad una barriera sociale e culturale potrebbe esserci proprio un astio nei confronti di chi abbonda nella produzione di biomasse umane.

In primo luogo c'è un odio che definirei fisiologico, covato da chi passa ore e ore sulla tazza dopo essersi purgato con le peggio diavolerie producendo con immani sforzi deiezioni da gattino, ed invidia le nostre condutture fognarie iperattive.

Ma c'è un altro atteggiamento ostile alla liberazione concettuale della merda, che definirei psicologico, freudiano per la precisione. Il padre della psicanalisi disse infatti che "nella fase anale (tra i 18 mesi e i 36 mesi) gli interessi del bambino si spostano dalla zona orale a quella anale, in concomitanza con lo sviluppo fisico e l'acquisizione del controllo delle funzioni sfinteriche. Il bambino insomma prova appagamento nel gestire i movimenti sfinterici in autonomia, e in essi trova il soddisfacimento delle pulsioni imparando così a sviluppare autostima e autonomia".

Ora chi traffica tutto il giorno con escrementi di diverse consistenze e colori, viene considerato dunque come un immaturo, un poveretto che non ha sviluppato la sua personalità e si diverte controllando impulsi e movimenti delle sue valvole sfinteriche. E sempre come Freud ci insegna, se non si superano i conflitti di una particolare età, ecco che nascono poi i complessi che si accumulano in quella successiva.

Dunque se passiamo così tanto tempo in bagno non sarebbe per una malattia del colon, ma per un complesso psichico, e si sa che il malato psichico è visto con sospetto in tutte le culture, anche le più emancipate.

Falso: siamo gli unici che hanno creato da una disfunzione un orgoglio, e che osiamo ammettere che sentirsi pronti per una scarica è un sintomo di salute, esattamente come lo stimolo dell'appetito o un'erezione.

Del resto mentre le convenzioni sociali hanno coniato i termini "cagata" nelle sue varie accezioni come sinonimo di errore, o "stronzo" come equivalente di una persona detestabile, noi usciti dal bagno esclamiamo felici: "*che bella cagata*" con la stessa gioia con la quale si celebra un qualsiasi altro piacere corporale. Perchè di questo si tratta!

Ma come tutte le attività, spesso questo appetito diventa esagerato, e se andare di corpo è sinonimo di salute, a volte ci troviamo a...scoppiare (di salute e non solo)

Non avete questa maledizione? Il libro vi sarà utile se volete davvero essere emancipati: finalmente si parla di merda senza tabù, tanto per cambiare.

Anzi finalmente si abbatte l'ultimo vero grande tabù[6], l'unico rimasto nel terzo millennio.

Il vero proibito è ciò che accade dentro il cesso, sopra la tazza, non dentro il talamo. Cercate il vostro intestino crasso, non il punto G!

E per abbatterlo si useranno storie hard, estreme, storie vere[7] di chi con la cacca ci convive in modo abnorme tutti i giorni e per questo è messo al bando dalla società bene, e vive il suo problema di nascosto cercando di vivere alla giornata. Come un licantropo.

Se invece sapete *davvero* di cosa sto parlando questo libro fa per voi. Anzi si può dire che è vostro. Usciamo allo scoperto. Possibilmente tenendo un bagno nelle vicinanze…

Del resto, pensateci bene, avrete sicuramente letto molti libri *di* merda.

Ma mai nessun libro *sulla* merda…

---

[6] Tabù deriva dal polinesiano tapu (divieto) è una forte proibizione (o interdizione), relativa ad una certa area di comportamenti e consuetudini, dichiarata "sacra e proibita". Infrangere un tabù è solitamente considerata cosa ripugnante e degna di biasimo da parte della comunità. Se avete a cuore i miti polinesiani non addentratevi nella lettura di questo saggio dunque.

[7]Siccome però questa ultima, odiosa ultima barriera culturale ancora non è stata abbattuta, allora si useranno pseudonimi.

PRIMA SFUMATURA. MARRONE CACHI. I DOLORI DEL GIOVANE WATER

Il Colitico scopre nella pre-adolescenza i suoi tremendi bisogni. E' ancora un periodo in cui tutto è gioco, dunque è probabile che dapprima si bulli delle sue deiezioni con i coetanei, o anche più modestamente delle produzioni gassose che ne fanno da contorno. Visto che è anche un periodo in cui la dieta è controllata da amorose mamme e pietose nonne (cioè si mangia di tutto a tutte le ore), è anche probabile che qualche volte si cagherà addosso.

Del resto ancora non ha preso le misure alla sua condanna, egli è un poco come un vampiro che da bambino rischia di tornare nella sua bara quando già è sorto il sole...

L'adolescenza invece è il periodo caratterizzato, secondo la psiconalisi tradizionale, dal fatto che si comincia ad avere un rapporto maturo con i propri organi genitali. Per noi è differente, dobbiamo prima confrontarci con l'intestino secondo un principio di buon senso che mette al primo posto la sopravvivenza, poi il piacere. Ma è questa anche una fase di ingenua e sciocca speranza nel futuro, ed infatti ogni adolescente con questi problemi che si rispetti attende fiducioso i primi responsi medici.

Attorno ai venticinque anni circa si scopre però quello che nessun dottore avrà il coraggio di dire, ossia quello che lui, il malato, ha scoperto in modo cruento e puzzolente: al posto di un organo gli hanno collocato una bomba chimica, il cui il timer è collegato alla cazzo di cane, e dunque non è possibile prevederne l'esplosione.

Ci mettiamo qualche anno a capirlo; anni in cui volonterosi medici ci illustrano il funzionamento del colon, ed aggiungono che lo stress è una delle cause più importanti degli "spasmi incontrollabili", altro modo elegante per dire "esplosione di melma".

Eh si, maledetto stress! A qualcuno cadono i capelli, ad altri viene una gastrite, alcuni fumano, alcuni bestemmiano, altre fanno shopping.

Poi ci siamo noi. E a tal proposito il dottorone non ci dice nulla di nuovo: eccovi due storie. Storie vere. Autentiche storie di merda.

SCENA PRIMA. L' ESAME UNIVERSITARIO

Interpreti:

- Il Professore di Diritto Privato (da ora in avanti Dott. X)
- Il giovane studente colitico (da ora in avanti lo studente C).

C ha studiato parecchio per preparare uno degli esami fondamentali per il suo corso di laurea, che è anche il suo primo esame: Diritto Privato. Si presenta bello giaccato, pettinato, con lo sguardo fiero da futuro avvocato e con una preoccupazione tutto sommato controllabile. Hanno estratto la lettera P e c'è molta gente, dunque decide di restare nei paraggi passerà sicuramente molto tempo prima che venga il suo turno.

Ogni tanto passa vicino all'aula e azzarda: “A che lettera siamo arrivati?”, ma i candidati sono tanti e si avanza lentamente. C non dimostra una grande tensione, ma dopo un pranzo frugale la paura avanza: “A che lettera siamo? ”

“Alla A”.

Sono le tre e mezza, e ora le pulsazioni cardiache aumentano. C, che è un solitario, e che conosce bene l'isterismo dello studente sotto esame, non chiede che cosa abbiano chiesto, oramai non avrebbe senso, non c'è più tempo per ripassare e fare inutili abbuffate di recupero. Sa di essere preparato. Così facendo, con razionalità, riesce a controllare la tensione.

Arrivato alla lettera B il dramma: sente dei borbotti, maledetti, sinistri e famigliari. Quel Dio fenicio sanguinario che gli hanno messo al posto dell'intestino vuole il suo tributo di merda, e la richiesta è giunta in modo chiaro. Quei rumori coprono le interrogazioni degli studenti, tanto che un bidello, dopo aver pensato che si trattasse di una caldaia difettosa, scoperta invece la loro fonte, chiede gentilmente a C di allontanarsi. Ma il primo richiamo intestinale è blando, e prima che la situazione degeneri incontrollabile ne sono necessari altri due.

Il secondo messaggio, purtroppo per C, non tarda: la sudorazione fredda.

Manca solo il terzo e ultimo avviso, detto anche “il richiamo di Chtulhu”, senza il quale vi è comunque ancora tempo per fare le cose con calma e raggiungere la ritirata con discreto aplomb.

Ma quando mancano circa 6-7 studenti prima dell'esame di C, eccola: la contrazione del colon, ossia, per chi non l'avesse mai provata, una specie di artiglio con unghie affilate da panterona del ribaltabile, che in qualche modo cerca di fare una treccia di mozzarella con il vostro intestino in tutta la sua lunghezza.

C, che oramai sa dare un significato a ognuno di questi tre messaggi, non perde tempo e passa all'azione. Se rimanesse lì non perderebbe il suo turno, ma esploderebbe di certo e tramuterebbe l'ateneo in una vasca di melma. Qualora dovesse farcela a trattenersi, dovrebbe comunque affrontare l'esame in uno stato di prostrazione mentale tale che le sue facoltà cerebrali sarebbero ampiamente compromesse. Difficilmente potrebbe rispondere ad una domanda tipo "Come si chiama?" con risposte diverse da "AUUUUUU" o "IAAAAAAAAAA".

A balzi si reca nel gabinetto dell'Università. Sono tutti, immancabilmente occupati, tranne un vecchio cesso alla turca! C si libera senza sforzo e con un mugolio di godimento di una dose di biomassa sufficiente ad illuminare un capoluogo di provincia, ma purtroppo la *turca* non è l'ideale per fare in modo che tale abbondante produzione venga indirizzata in modo preciso nello scarico. Infatti C si è sporcato di merda i pantaloni e una scarpa (la destra per la cronaca). Inevitabile. C si domanda come possano in Turchia cagare in questo modo, ma non c'è tempo per digressioni geo-coprologiche.

C esce di fretta dal bagno. Come sempre, sopravvissuti ad una scarica tremenda, ci si sente immortali: non ha paura dell'esame, non avrebbe paura neppure della carica di un toro Miura incazzato.

E' coraggiosissimo. Ma puzzolente. Comincia una sommaria opera di pulizia con il sapone liquido dell'università, il quale ha la sinistra capacità di non avere profumo. Poi torna nell'aula, appena in tempo per la sua chiamata. Fa un esame sopraffino peraltro con il professore X, noto sadico: "Le dovrei dare 27 ma le do 26 perchè, perchè..." e firma il libretto senza dare spiegazioni.

Ma C annuisce. Non ha bisogno che gli venga palesata la causa della decurtazione di quel punto. La sa bene. Il motivo è la puzza di merda. C ringrazia e torna a casa in tutta fretta lasciando una scia inconfondibile dietro di se.

SCENA SECONDA . UNA NOTTE DI PASSIONE

Interpreti:

- Il corteggiatore S
- La corteggiata L

S, universitario di belle speranze, ha conosciuto L durante una lezione universitaria: si tratta di una stangona bionda mica da ridere, che crea turgori sparsi nel corpo di S, i quali impediscono allo stesso di emettere fonemi comprensibili. Ciò naturalmente limita non poco le possibilità di un corteggiamento, e le difficoltà aumentano specie se si considera che L è una bellona che pare inarrivabile, ed è sempre attorniata da energumeni lampadati, insomma in gergo scientifico i classici Cristoni.

Però la fortuna è dalla sua parte: L ha bisogno di alcuni appunti che solo S può avere perchè solamente lui ha frequentato un certo seminario. S non dice a L che ha frequentato quel corso unicamente perchè aveva tempo di leggersi la Gazzetta in santa pace e non ha alcun tipo di appunto. Unico risultato di sei mesi di quella frequenza sono semmai i risultati del fantacalcio. Temporeggiando però riesce in qualche modo, con ricatti innominabili, e mezzucci squallidi, ad ottenere quei preziosi documenti e propone quindi a L di consegnarli una sera per un aperitivo, e in quell'occasione va tutto molto bene.

L'esame va ancora meglio e L chiede a S di uscire a cena per festeggiare. S, che in quanto giovane colitico è più pratico di cessi che di camere da letto, non crede ad un simile evento: un'uscita solo con la figona della facoltà! La serata va benissimo, e i due abbondano con gli alcoolici. Quando S sale in macchina L mette gli un metro di lingua in bocca[8]: "Andiamo a casa mia tanto non ci sono i miei" le dice. S è nel marasma più incredibile. Il Dio del petting gli impedisce un incidente fino alla casa di lei, dato che la guida è inframezzata da baci, carezze, toccate ed effusioni soft varie che gli appannano la vista.

S avverte solo la "prima chiamata" cioè i borbotti che, naturalmente ignora, e che per sua fortuna sono coperti dal rumore dell'auto. Quando L scende dall'auto S avverte anche i sudori freddi, ma in quel momento trasgredirebbe anche agli ordini di un plotone di esecuzione. Poi arriva la domanda: "C'è li 'hai vero i profilattici?" E naturalmente S, che solo nelle sue fantasie erotiche più hard si augurava un simile sviluppo della serata, risponde: "No", con l'espressione dello scolaretto che ha dimenticato il sussidiario.

"Beh, vai a prenderli, io salgo".

S si mette alla ricerca di una farmacia di turno o un distributore di preservativi, ma ora che è solo in

---

[8] Chiedo scusa al lettore per la scarsa carica di pathos con la quale si descrive questa scena erotica. Ma non si vuole sviare l'attenzione del lettore rispetto al tema principale del libro.

auto e non è distratto dal *soft petting* con la bellona non può non udire l'adunata che il suo intestino sta suonando: ecco ora le contrazioni, fortissime, quasi delle doglie da parto.

S dimentica i profilattici, il sesso, la bellona, e il codice della strada. Dopo 10 minuti di girovagare confusionario, con una pressione inguinale a 100 bar vede una tavola calda aperta, lascia l'auto in tripla fila ed entra con i pantaloni già mezzo slacciati urlando: "Un-caffè-dove-è-il-bagno-scusi?" tutto d'un fiato. Il cinese dietro il bancone gli risponde: "No banio, fuoli selvizio, no banio".

S è atterrito. Questa volta non ce la può fare. Sa che potrebbe disporre ancora di pochi vitali minuti solo se riuscisse a liberarsi un poco della zavorra intestinale, rilasciando con cautela un poco dell'aria che si è compattata dentro le sue budella. E' un operazione difficilissima, se esagera rischia dei farsela addosso, dunque si pianta in mezzo al locale, si concentra, dice una veloce "Ave Maria" e poi rilascia una potente flatulenza nel bar che rischia di pregiudicare i rapporti diplomatici tra Italia e Cina. Lievemente liberato salta sull'auto e in breve raggiunge un secondo bar. Solamente alla quarta tavola calda, un kebab sulla circonvallazione, riesce ad evacuare lasciando la toilette come se fosse passato uno tsunami. Non fatto di acqua però.

Quando ha finito sono passati ventotto minuti, lunghi e pesanti come un film dei fratelli Taviani. Guarda il cellulare: ci sono 5 chiamate e 1 sms di L: "Ma dove cazzo sei finito? Ora non mi va più. Una cosa del genere non mi è mai successa. Bravo. L'hai fatta diventare una serata di merda".

A chi lo dici, pensa S mentre torna a casa con le pive nel sacco, e una voglia matta di chiedere l'indomani al suo meccanico, se non gli possa montare una valvola in teflon al posto dell'intestino crasso.

Con il suo maggiolone era stata una soluzione fantastica...

SECONDA SFUMATURA. MARRONE FEGATO. INCOMPRESI E MALEDETTI

L'imbarazzo che ci causa la nostra situazione è amplificato da una società che ci addita come untori puzzolenti, rovinatori di feste, imbrattatori di piastrelle, e monomaniaci duodenali. Perciò se una persona ha un attacco di epistassi, una gastrite, è depressa, ha la nausea o qualsiasi altro disturbo "passeggero" viene vista con compassione, quando non con affetto da tutti gli altri.

Pensate ad una gita in montagna; uno ha mal di stomaco, non mangia quasi nulla, e passa la giornata in un odioso (e giustificato per carità) mutismo che in qualche modo condiziona tutta la festa fino al rientro a casa. Nessuno ha voglia di ridere, e anzi tutti hanno un senso di colpa mostruoso se solo si gustano un panino con la cotoletta, che il poverino non può permettersi.

Invece nel caso che nella scampagnata sia presente un colitico, le cose andranno diversamente. Qui l'unica sua richiesta sarà quella di raggiungere un cesso[9], o in certi casi anche una buca nel terreno possibilmente nascosta da sguardi indiscreti, ma dopo che avrà espletato tornerà in gruppo più normale di prima, proprio perché come detto vi è l'effetto euforico

---

[9] Richiesta che può fare in vari modi, a seconda dell'educazione, del censo, della cultura e dell'età. Si va dal *fanè* "Vi prego dovrei evacuare", raro ed ampolloso, al disperato "Fermatevi devo cagareeeee" passando per forme intermedie quali l'elegante e misterioso "Non ci sarebbe un bagno?" o il telegrafico ed inquietante "Fermati al prossimo autogrill"

da pericolo scampato. Nonostante questo, egli sarà additato come un paria, uno da non invitare, una *brutta persona.*

Ha una maledizione addosso, che in qualche modo ha rovinato la domenica a tutti, costringendo la compagnia ad affrontare un tema spiacevole. Quello della merda appunto. *Uno che sta così male non dovrebbe uscire* oppure *Ma non può prendere qualche cosa?* saranno i commenti stizziti di quelli che il colitico considerava, fino a qualche minuto prima, degli amici. E che magari si dovevano comunque fermare all'autogrill ad esempio, a fare benzina o a far pipì. Ma orinare è fisiologico, ed è considerata cosa buona e giusta anche quando una persona ha un'autonomia vescicale di venti minuti, forse perché i cervelli della gente sono stati ottenebrati dalle pubblicità che ci invitano a bere e a mingere in continuazioni. Ci pensate? Una pubblicità che ci invita a fare PLIN – PLIN è considerata simpatica e corretta tanto nella forma che nella sostanza, mentre se ci venisse detto che dobbiamo fare PROT – PROT allora interverrebbero le autorità politiche di tutto l'arco costituzionale, finalmente d'accordo su qualche cosa, a porre divieti.

Ma gli amici si vedono nel momento del bisogno, dunque noi abbiamo come vero amico il gabinetto, meglio se con carta igienica in abbondanza, bidèt e qualcosa da leggere. Voi lo sapete bene, stavate da Dio fino a pochi secondi prima, e non c'è nulla che si possa prendere contro questa maledizione, se non forse un amuleto etrusco contro i sortilegi. Non avete colpa insomma.

Poi, nella vostra (nostra) mente si insinua un bacillo di dubbio. Non è che questi nostri amici sono degli "stitici "invidiosi?

Ma se ciò accade con persone con le quali siamo in relazione, figuriamoci con gli sconosciuti! A tale fine citiamo questo episodio, sempre tragicamente vero

SCENA TERZA. PARVA SED APTA MIHI

Interpreti

- Giovane impiegato H
- Collega Z
- Barista Perplesso
- Carabiniere con Gazzetta

Il Giovane impiegato H esce dall'ufficio che è ancora presto. Ha appena salutato i suoi colleghi, è felice per il nuovo impiego e non vede grosse nubi all'orizzonte. Abita a circa 15 minuti dal suo luogo di lavoro, e siccome è una gradevole giornata di inizio primavera, pensa bene di andare a piedi anziché rovinarsi il buon umore salendo sul filobus. Avverte un sinistro smottamento intestinale, ma pensa che non sia nulla di grave: conosce bene il suo personale Etna, e sa egualmente bene che prima di ogni eruzione seria il suo corpo gli manda dei segnali, una specie di sismografo rettale che dalla pubertà ha sempre funzionato con discreta regolarità. In questo caso ha ricevuto solo indicazioni di una lieve perturbazione oceanica dunque, nonostante egli potrebbe andare al lindo gabinetto dell'ufficio prima di incamminarsi verso casa, azzarda la transvolata della circonvallazione.

Ha trascorso circa 450 metri quando capisce che non ce la farà mai. Sta sudando ghiacciato, la sua pancia sembra una Harley Davidson in accelerazione e sente delle rasoiate tremende che dal coccige vanno su fino al cervello

Si ferma quindi in mezzo al marciapiede, dato che sa bene che camminare stimola le contrazioni del colon. Per non farsi mancare nulla trattiene anche la respirazione al limite della sopravvivenza, come un rettile in ipotermia. Attenuata per un attimo la pressione sul suo intestino crasso si guarda attorno e cerca di vedere un bar che sia più vicino rispetto all'ufficio. H è infatti certo che tornare sui suoi passi gli sarebbe fatale; se anche dovesse raggiungere l'ingresso, dopo avere imbrattato di feci l'ascensore potrebbe mettere da parte qualsiasi velleità di carriera o forse già rassegnare delle dimissioni forzate.

Bisogna premettere, per chi non è pratico della materia, che gli spasmi del colon sono come le cariche della cavalleria ussara; se si riesce a sopravvivere in trincea all'assalto nemico, dopo qualche minuto, necessario per riorganizzarsi vi sarà un secondo assalto e così via fino alla vittoria finale. Ogni attacco segue il precedente ad intervalli che sono sempre più ravvicinati. La resistenza è futile, e non c'è speranza di sopravvivere, ne si può pensare che arriverà il settimo cavalleggeri Michigan a salvarci .

H sa bene che dopo il primo sconvolgimento avrà qualche minuto, forse tre o quattro nella migliore delle ipotesi, prima che l'orda zulu torni all'assalto. Ha adocchiato un bar dall'altra parte della piazza, sta per mettersi in moto con la camminata di emergenza (cioè strascinando i piedi come se fosse sul ghiaccio per evitare i traumi che le articolazioni potrebbero trasmettere sul colon con una camminata tradizionale) quando si sente chiamato.

"Ciao"è la collega Z .

"Ciao" risponde smunto e sfiduciato H. Contrattempo odioso, pensa. In quel frangente anche Scarlett Johansson in calore sarebbe un contrattempo del resto.

"Cosa fai fermo qua in mezzo al marciapiede?"

Già cosa ci fa H *fermo in mezzo al marciapiede*? Non può dire che non può camminare perché è pieno di liquami nauseabondi che si possono riversare in strada, dato che sarebbe una risposta formalmente corretta e sufficientemente allegorica, ma non ammessa dalle vigenti convenzioni sociali. Le quali, bizzarramente, permetterebbero però risposte tipo *Ho il mal di stomaco Ho le vertigini Sono triste perché mi ha molato la morosa* e così via. Anzi in questo caso lo sventurato di turno sarebbe abbracciato, coccolato, vezzeggiato, compatito. Non mancherebbero per lui parole di conforto, calore umano e anche un caffè con la pastarella!

Ma H non ha le vertigini, l'epistassi, il reflusso, la piorrea, la pellagra, il beri-beri o la peste. Si sta molto più prosaicamente cagando addosso ed ogni movimento incauto potrebbe sortire l'effetto di un tombino che esplode riversando i contenuti della fogna in strada. Anche la confessione di essere un tossicodipendente, condizione oramai sdoganata dai mass media, sarebbe accolta con maggiore simpatia ed empatia. Dunque inventa una scusa (tra le più gettonate si citano *Ho perso una cosa che poi ho trovato*, o se ancora sufficientemente lucido lo squallido e falsissimo *Ti ho vista e ti aspettavo*), maledice i suoi Dei e si dirige, strascicando i piedi.

“Ma cosa ti sei fatto?”

”Una storta giocando a squash”

Poi i due arrivano fino al semaforo. Qui H biascica scuse per separarsi dall’inopportuna collega (*Ma come tu non fai questa strada Si ma oggi vado dall’altra parte perché è a favore di vento*) e si trova a 100 metri dal suo rifugio di salvezza prima che la divisione Panzer cominci a cannoneggiare una seconda volta. Ha perso un’occasione buona per colpa di Z: si ferma ancora in mezzo al marciapiede e stringe i denti mordendosi la lingua. Per miracolo riesce a farcela ed entra nel bar dove ha un breve istante di lucidità, dovuto al recente pericolo scampato: si ricompone e riassetta e con una voce impostata chiede del bagno. Questo è situato in fondo, oltre il cortile, e ad H vengono fornite 8 chiavi di altrettante serrature che consistono in porte, portoni, portine e lucchetti. Egli è perplesso sulle sue reali possibilità di riuscita, vorrebbe cagare sul bancone di un bar dal gabinetto così inaccessibile, ma un carabiniere che sorseggia placido un caffè ad un tavolino leggendo la Gazzetta lo fa desistere da questo intento criminale.

Lascia la valigetta col computer portatile a terra e si munisce del chiavistello in stile San Pietro. Apre con agilità le prime tre porte poi complice la pressione duodenale che comincia ad aumentare sragiona e comincia a girare a vuoto e camminare su se stesso. E’ colto dal terzo assalto di cavalleria mentre si trova nell’androne di un palazzo interno al cortile e decide che quello è un buon posto per morire, anche se non si tratta di un decesso[10] onorevole. Si domanda se nel suo caso verranno i becchini o i nas a portarlo via.

Poi si marmorizza, ossia si ferma respirando al minimo e cercando anche di non sbattere le ciglia. Riesce miracolosamente a sopravvivere all'ennesimo assalto della furia fognaria a scapito di una basetta grigia e dei lineamenti del volto che ora sono visibilmente alterati dalla fatica e lo rendono più vecchio. Riprende un minimo livello di lucidità, ritrova la via e sta per esplodere quando è in prossimità di una porticina in metallo. Colto dal panico comincia a tirare pugni imprecando *Apriti puttana*! Poi, in un ultimissimo istante di lucidità, nota che solo una potrebbe essere la chiave adatta per un lucchetto, la apre e, senza richiuderla, si sgrava in modo rumoroso e terrificante. Così terrificante che si accorge di avere lordato malamente (il gabinetto in questi casi è, manco a dirlo, una turca) la camicia! E allora si libera della stessa che getta nell'immondizia ma si rimette astutamente la giacca sul torso nudo!

In queste condizioni, e con lo sguardo sprezzante di che è sopravvissuto a morte certa, fa la sua consumazione e riconsegna l'ingombrante mazzo di chiavi al barista, il quale contraccambia lo sguardo con aria dubbiosa: non si ricordava di quel tizio con ghigno diabolico basetta grigia e soprattutto giacca senza nulla sotto. Il carabiniere dal canto suo è egualmente perplesso, e lo guarda torvo, ma non ricorda esattamente se la giacca sul torso nudo equivalga ad un qualche reato, perciò continua nella disamina della Gazzetta.

---

[10]Termine quantomai appropriato.

TERZA SFUMATURA. MARRONE TERRA DI SIENA . BEI MOMENTI...

A vedere le pubblicità ci viene da pensare che l'80% della popolazione mondiale sia stitica; yogurt, integratori, regolatori, depuratori, purghe più o meno travestite della festa, latticini, crusche e cereali lassativi. Questo potrebbe indurci a pensare che il mancato sdoganamento della cacca, e di noi quali suoi più nobili produttori, sia una vendetta degli opinion leader, isterici ed itterici, che chiusi nei loro cessi dorati spingono come degli ossessi senza produrre alcunchè. Voi direte: ma come si può invidiare un soggetto comunque *malato*? Attenzione, non dimentichiamo che esiste una fisiologia, e non solo una patologia, anche per noi cagoni.

Oltre agli esempi di emergenze brusche e improvvise il colitico, il quale tranne che per i suoi bisogni è un uomo normale, nella stragrande maggioranza dei casi raggiunge la ritirata in ordine e passa dei gradevoli momenti soprattutto nel bagno di casa. E si, perché calcolando due sedute al giorno da (almeno) mezz'ora l'una, è chiaro che ci si è dovuti arrangiare, ed impegnare questo tempo in modo rilassante: crisi = opportunità come un'equazione della lingua cinese mandarina ci insegna.

Accompagnati da sonori sottofondi e da esalazioni non gradevoli, si possono trascorrere momenti piacevoli; è un po' come fare una cavalcata con un mustang selvaggio che, ogni tanto, si lascia domare. C'è chi legge, chi sbriga la corrispondenza, chi guarda la televisione, chi filosofeggia, chi fa le parole crociate, chi suona (soprattutto strumenti a fiato) chi compone poemi, chi canta la lirica[11] e chi elabora strambotti.

Soprattutto strambotti...

Ma non è solo una questione di tempo da impiegare: non può stupire pensare che nel 2004 è stato trovato il water su cui Martin Lutero scrisse le sue 95 tesi, un sedile di pietra di circa trenta centimetri in una nicchia nel muro della sua casa. Il grande riformatore del resto soffriva di "costipazione cronica" e quindi passava molte delle sue ore più costruttive al gabinetto. *Più costruttive* non è una specificazione dell'autore di questa opera il quale, sebbene illuminato, soffre anch'esso dei medesimi malanni di Lutero, e dunque potrebbe essere considerato di parte. È una precisazione del Corriere della Sera, 23 ottobre del 2004.

Approfondendo il tema (il termine sviscerando mi sembra più appropriato) emerge che Egli utilizzava termini molto crudi e legati alle funzioni corporali per parlare ad esempio del diavolo, e questo non ci stupisce. Sicuramente a volere scavare, potremmo trovare altri esempi storici di eguale importanza, ma questa è una materia delicata dove, non foss'altro per questioni igieniche è meglio restare abbastanza in superficie, e non scavare troppo. Ma l'esempio di Lutero è fondamentale per capire che il colitico, quando funziona, è un individuo felice, forte, lucido,

---

[11] Soprattutto il Nessun dorma della Turandot: "Ma il mio segreto è chiuso in me..."

appagato, che da il meglio di se proprio quando si sgrava.

Forse è una questione di circolazione, forse di pressione sanguigna, forse è qualcosa di emotivo: ci si sente davvero imbattibili mentre si produce sterco a quintali senza sforzo, ma c'è anche qualcuno che azzarda una spiegazione mistica.

Chi lo sa. Intanto la Chiesa è stata riformata su di un cesso (si spera finestrato), mentre Martin Lutero, raggiungeva quell'unicità di corpo e spirito che raramente un uomo normale raggiunge.

E' un nirvana che noi, invece, raggiungiamo due volte al dì, ecco perché ci odiano!

SCENA QUARTA: DO NOT DISTURB

Interpreti

- Il Pensionato H
- La moglie W

H è un felice pensionato, ancora giovanile e scattante, che ha maritato i figli e vive in un appartamento oramai troppo grande per lui e la moglie W. Lei insiste perché i due si trasferiscano in una casa più piccola e *più comoda da pulire*, puntualizzazione falsa perché per queste incombenze c'è una cameriera ad ore. Egualmente falsa è la scusa di W relativa ai motivi del diniego: "Sono affezionato a questa casa e poi non voglio fare un trasloco". O meglio, queste spiegazioni possono anche essere in parte vere, ma la motivazione reale è un'altra: dopo anni di splendide cagate interrotte perché *tutti hanno bisogno del bagno* finalmente H ha realizzato un suo sogno di infanzia cioè un bagno tutto suo che non deve dividere con nessuno. Si è scelto quello di servizio, piccolo e adornato solo da vecchie piastrelle gialle, ma funzionale e finestrato, e ha lasciato quello di rappresentanza, con vasca, maxi specchio, fari alogeni e stucchi veneziani alla moglie.

E' in effetti un bagno per donne, cioè per chi nella toilette quasi si vergogna delle funzioni fisiologiche, e passa la maggiore parte del tempo ad imbellettarsi; H ha quasi imbarazzo a sedersi qua, gli sembra di cagare in salotto. Perciò impedisce alla moglie e alla cameriera di accedere al suo personale *merda merdorum* grazie ad una scusa: "Non funziona bene e non ho voglia di rifarlo che sono spese". In realtà ha buttato via una vecchia lavatrice e l'ha sostituita con una libreria ove vi ha riposto libri e fumetti selezionatissimi.

In camera di consiglio passa dei momenti di sublime intimità, fino a quando non ha la bella idea di mettere anche un televisore. Ecco che il vizio diventa perversione: H si trasferisce di fatto nel bagno. In particolare durante il tappone dolomitico del Giro d'Italia decide, complice un cibo troppo speziato la sera prima, di seguire le fasi salienti della gara.

La moglie non c'è, i telefoni sono staccati, l'intestino sembra in gran forma, tutto procede insomma. Purtroppo per lui si rivela una gara memorabile, con attacchi e contrattacchi fantastici: in breve H perde la cognizione del tempo, ha smesso di produrre biomasse da un po' ma si sa, un certo stimolo rimane sempre in quella posizione, e fa l'errore di non alimentarsi, come i suoi idoli in tv.

All'arrivo della tappa è felice, tra l'altro in quella posizione si è sentito particolarmente libero: ha potuto imprecare, scorreggiare, insultare le pubblicità che interrompevano la tappa, atteggiamenti tremendi che mai si sarebbe permesso in nessun'altra stanza dell'appartamento. Ora, dopo la lunghissima diretta tv si può alzare: nel momento in cui però si mette in verticale…non sente più le gambe e cade come corpo morto cade.

La lunghissima seduta ha impedito al sangue di circolare negli arti inferiori, e ora H si trova due mozziconi al posto delle articolazioni. Cade rovinosamente con i pantaloni a mezz'asta. E' costretto a vagare a gattoni per un paio di ore. Quando rientra la moglie ancora non ha riacquistato la postura bipede.

"Cosa ti è successo caro?"

"Deve essere il colpo della strega…"

"Vado in farmacia a vedere se posso prendere qualcosa per la schiena?"

"No, grazie. Tra poco starò meglio".

Basta togliere il televisore dal bagno, pensa.

QUARTA SFUMATURA. MARRONE CASTAGNO. LA DIETA

Nei lunghi pomeriggi trascorsi nelle anticamere dei medici di famiglia o dei gastroenterologi, vari pensieri ci assalgono: "Mi dirà di fare una certa cosa, mi prescriverà una pillola, nel peggiore dei casi mi impedirà di mangiare con frequenza un certo cibo". Va da sé che meglio sarebbe se si trattasse di una verdurina di quelle inutili, o un frutto esotico tipo l'avogado, il binge d'olanda una sapodilla o un babaco. Abbiamo già pronta una Luger carica, nel caso ci possano togliere la pizza o le patatine. La vita avrebbe poco senso.

Invece il medico fa un'operazione ancora più *tranchant*: TOGLIE TUTTO. Ci prescrive una dieta per la quale anche San Francesco avrebbe detto: "Ma che cazzo!?", e ci tende la mano in attesa del pagamento di una parcella esorbitante. Sproporzionata perchè chiunque, anche senza un camice bianco e tante targhe e onorificenze appese al muro, sa bene che la cacca proviene dal cibo, dunque non mangiando, o comunque cibandosi di bacche e mirtilli, c'è una elevata probabilità che l'intestino crasso torni bello pulito come una super-strada svizzera

Volete un breve elenco dei cibi che possono accelerare i sintomi di questo malessere e che dunque sarebbe meglio evitare come un parente noioso? Ecco qui (e di seguito il pensiero conseguente):

- castagne (vabbè niente caldarroste fuori dallo stadio);
- alcol (mannaggia! Ma nel senso del disinfettante spero!);
- caffeina (ma come? e alla mattina come mi sveglio?);
- bevande gassate (ok allora sparami);
- latticini, nei casi d'intolleranza al lattosio;
- fagioli, piselli, fave e in generale legumi secchi (sopravviverò. Poi questo l'ho scoperto in gita alle medie. Mi fecero dormire sul balcone mannaggia);
- frutta secca, di bosco, con polpa o semi;
- cibi contenenti zolfo o solfati (tipo? Spaghetti al gasolio?);
- cibi con molta fibra, inclusi i prodotti in grano integrale;
- salse piccanti, pepe (aleee…tutto in bianco che bello);
- noci e frutta secca, gli oli e i burri che se ne estraggono;
- popcorn (e al cinema che mi mangio?);
- prodotti contenenti sorbitolo come gomme e caramelle senza zucchero;
- verdure crude (ok, questa posso farla);
- zucchero bianco raffinato;
- semi (ma per chi mi ha preso? per un canarino?);
- cioccolata (ahaha);
- cibi fritti e troppo grassi (non scherziamo. Nessun cibo è troppo grasso);
- gli insaccati (buahbuahbuah);

- le salse ed i condimenti speziati e i cibi piccanti;
- i formaggi fermentati andranno sostituiti con prodotti "analoghi", ad esempio quelli derivati dalla soia (tradurre please?)
- le prugne, le pere e le pesche, così come carciofi, spinaci, cipolle, cetrioli e sedani.

Benissimo. Ci domandiamo come mai il dottore non ci abbia detto "TUTTO" faceva prima. Avrebbe anche potuto risponderci: "Lei Si cibi di immondi decotti di radici di erbe e vedrà che bella vita potrà condurre". Poi certe precisazioni da medico sadico delle SS fanno proprio incazzare: ma come, la soia sarebbe un prodotto "analogo" all'emmenthal, al pecorino o alla fontina? Ma in quale inferno?

E quando dopo avere riletto l'elenco dieci volte esultando direte: "Posso mangiare la carne" il solito medico da lager vi risponderà: "Si, ma ai ferri, e meglio se sono carni bianche".

E quindi il colitico, che ha un animo da rock star, cosa fa? Va avanti cibandosi normalmente, ed evita le prescrizioni da talebano benedettino medievale. Anche perché ci viene un dubbio; impedendoci di mangiare tutto, non è che forse la scienza ha poche certezze in merito?

Anni fa, durante una scarica serotina particolarmente ispirata, composi sul punto questa poesia.

L'anziano dottore ha sentenziato:
"Lei ha la colite, non è malato!"
Bene, quindi penso è tutto a posto,
quale è il farmaco che mi è imposto?
Nonononono caro paziente,
è un'altra la soluzione per te confacente

ovvero: niente bevande o acqua ghiacciata!
Eviti assolutamente l'aria condizionata,
fritto, fritture e pomodori
vanno assolutamente tagliati fuori,
giri al largo da latte e caffè
come se fossero la mosca tsè-tsè
e pure le noci e la frutta secca
fanno assai male alla busecca.
Un Cuba Libre o un Vodka Martini
Avrebbero l'effetto da sturalavandini!
Niente salse per condimento
oppure avrai un perturbamento,
stia alla larga da bevande gassate
come se fossero avvelenate,
e con uno solo di peperone
lei potrà avere una brusca eruzione!
C'è dell'altro chiesi con trepidazione?
Temendo di sentir un'altra proibizione
Chiesi risentito: faccio l'amore con la morosa
oppure ciò può infiammare la mucosa?
Se guardo la partita sul divano
non è che poi in bagno si scatena l'uragano?
E se con gli amici faccio bisboccia
riesco ad arrivar almeno al bagnodoccia?
Caro paziente, moderazione e temperanza
son la medicina di ogni disturbanza!
Come le dissi la colite non è malattia
ma una condanna…come la licantropia!
Se vuole risolvere il problema d'un tratto
chiami un esorcista oppure un monatto.
La scienza ha soltanto una risposta assai vaga
"meno lei mangia meno lei……"

QUINTA SFUMATURA. MARRONE FRUMENTO. L'ODIOSA...

La diarrea vive una condizione particolare all'interno del variegato e meraviglioso mondo degli escrementi: infatti in quanto sinonimo di malattia riesce in qualche modo ad ispirare tenerezza. In buona sostanza la colite non riesce ad affrancarsi come disfunzione, ed anzi chi soffre di questo disturbo viene visto come un balordo che passa molto tempo in bagno, mentre la diarrea, forse perchè colpisce un po' tutti, ispira invece un cordoglio vivissimo.

Un dialogo tipo, immaginario ma con molti riscontri reali, potrebbe svilupparsi così:

"Ieri sera ho avuto un forte mal di pancia"

"Stomaco o intestino?[12]"

"Intestino"

"Diarrea?"

"No..."

"Ah beh, allora..."

Da cui si evince che, se non avete avuto una dissenteria virale allora non siete stati davvero male. Siete solo degli sporcaccioni. Brutti!

Per questo motivo noi la detestiamo. Noi che abbiamo imparato a vivere con la puzza sotto il naso (e non per snobismo) e che abbiamo rivalutato l'atto

---

[12] Il vostro interlocutore insisterà sul punto, sperando che siate almeno un gastritico, che fa molto poeta maledetto o intellettuale esiliato.

dell'evacuazione come liberazione catartica dalle tossine che infestano il corpo, noi che ostentiamo la potenza smisurata dei nostri sfinteri, odiamo invece quella che una recente pubblicità ha ribattezzato odiosamente "pupù liquida".

In primo luogo questo astio si spiega con il fatto che essa è un segnale di malfunzionamento (di un mezzo già di per se fuori controllo), mentre l'evacuazione solida è sinonimo di salute. Pochi gesti anzi rendono l'idea di un corpo che funziona altrettanto bene.

In secondo luogo mentre quando si evacua qualche cosa di solido si ritorna subito in salute, con un'euforia da pericolo scampato in caso di attacco improvviso, o con la sicumera di chi sa di avere espletato con gioia e vigore una funzione necessaria, nel caso di diarrea la fine della scarica non equivale alla fine dei patimenti. Anzi, si ha la sensazione di avere avuto un incontro ravvicinato con Mandingo (a ore sei), e permane una sete bestiale per ore. Bisogna por ricorrere a cure varie, come canarini, fermenti lattici, pillole varie che non sono mai gradevoli.

Poi dietro ad una diarrea ci sono poche considerazioni gnoseologiche da fare, ma solo un'analisi batteriologica. Dunque visto che l'argomento è particolarmente rivoltante anche per un abbattitore di tabù come il sottoscritto, proseguirei con un'ultima annotazione. Tanto il cacatore ordinario quanto lo stitico, che siano stati colti almeno una volta da diarrea nella vita hanno capito cosa intendo.

SESTA SFUMATURA. MARRONE CIOCCOLATO. GREAT EX...PETATION

Alla ricerca di un miglioramento per il proprio stato il colitico meno avveduto, o quello più ipocondriaco, può venire convinto da qualche (troppo) amorevole parente a farsi fare una colonscopia: "Così vediamo cosa hai li dentro", è il commento conclusivo.

Che cosa ci sia li dentro noi lo sappiamo bene, e quale che sia la spiegazione più convincente che negli anni ci siamo dati (un demone etrusco sitibondo di feci, una conduttura fognaria industriale, un vulcano in piena attività, una centrale a turbogas) non abbiamo alcuna intenzione di guardare meglio. Conosciamo, ci conviviamo, e questo ci basta. Chiediamo solo un gabinetto pulito nelle vicinanze, e qualcosa di nuovo da leggere.

Ma dobbiamo arrenderci di fronte alla scienza.

Qualcuno infatti ha pensato che infilandoci un tubo con in cima una videocamera per via anale sia possibile scoprire le cause di questa nostra...inclinazione. Ma che cosa si potrà mai fare risalendo qualche metro di budello? Premetto, non si dubita dell'importanza di questo strumento clinico, soprattutto per problemi più gravi, bensì della disinvoltura con la quale oramai viene proposta. Infatti dopo la famosa prescrizione di tutti i cibi, il dottorone, siccome è evidente che in qualche misura sgarreremo a qualcuno di quei tremendi divieti, ci proporrà la colonscopia, così come il dentista ci consiglia la lucidatura dei denti dopo un'otturazione. Per meglio intenderci è come se il carrozziere vi sostituisse la portiera quando vi hanno rotto lo specchietto.

Non sappiamo se si tratti di una vendetta sadica del nostro medico (come a dire *Io te l'avevo detto, ma se proprio sei curioso*) o un'ennesima sadica rivincita della lobbye degli stitici, ma in ogni caso non si tratta di qualcosa di semplice. Bisogna purgarsi, farsi un clistere, seguire una dieta odiosa nei giorni precedenti. Inoltre il sondino è vero che è piccolino (una decina di millimetri) ma entra *per oltre un metro* nelle vostre viscere con l'aiuto di aria insufflata (tipo mantice) .

Wow.

Davvero piacevole.

Il risultato è che le vostre chiappe saranno state violate, sentirete dolori per una settimana come se aveste inghiottito delle lamette, e il tutto per sentirvi dire: “Avete il colon irritabile”.

Graaazie.

Non si è trovato alcun animaletto a forma di demonio che saltella felice e punzecchia il vostro intestino con un forcone, nessuna manifestazione di vita extraterrestre, nessun animale preistorico dai denti aguzzi.

Come il gioco dell'oca dovete tornare al via.

Però con le chiappe profanate.

Ne valeva la pena?

SETTIMA SFUMATURA. MARRONE DAINO. IN SELLA IL MIO BIDET

Dopo ogni tempesta, si sa, rasserena, ed il cielo diviene ancora più nitido di prima. Ma senza la burrasca non si potrebbero avere giornate limpide e terse. È quello che, in ambito filosofico, Hegel ci ha insegnato con il suo processo conoscitivo tesi-antitesi-sintesi.

La sintesi nel nostro caso è duplice: un rinnovato senso di salute, di liberazione da un peso che gravava (non proprio sulla coscienza) e un senso di pulizia. Non pulizia metaforica, pulizia vera e propria.

Nonostante l'immeritata fame di sporcaccione, il colitico ama insaponarsi per ore, e brama la pulizia così come un cencioso anela alla ricchezza. Desidera il sole come un turista norvegese alle Canarie, proprio perché è abituato a ben altro.

Non si può, in questa sede, non biasimare tutta quella gigantesca fetta del mondo che non conosce il *bidet*, probabilmente l'invenzione più geniale dopo lo sciacquone e la pizza. Mi domando se in questa ampia zona della terra la gente non abbia un perenne disagio per la propria condizione di adulto che vive con il culo sporco. Eh si, perché va bene che siamo nel millennio della tolleranza e della mediazione culturale, dove nessuno, neppure colui che vive di cannibalismo in capanne col tetto di alghe può essere chiamato *selvaggio*, ma le nazioni che non hanno il bidet, per quanto mi riguarda, non dovrebbero fare parte della Comunità Internazionale.

Pensate: stringereste mai la mano ad una persona che non si lava il culo? Avreste ancora stima in lui una volta scoperto questo orrendo dettaglio della sua vita intima? E badate bene, non si tratta di un pregiudizio morale, ma di *puro* buon senso!

Eppure è così: personalmente butterei fuori dall'Onu tutte questi stati di buzzurri, che magari si vantano di avere un Pil in crescita, un welfare state che funziona, una democrazia rappresentativa efficace e poca corruzione. Ma da secoli non hanno messo all'ordine del giorno la pulizia delle zone nobili.

Per non uscire dal seminato non voglio parlare del *bidet* per altri scopi igienici ugualmente importanti, ma rimango in tema produzione di biomasse, per intenderci. Bene sul punto ci sono tre obiezioni che mi fanno venire il nervoso per la loro persistenza ed inconsistenza.

La prima è: "Ma non puoi pulirti con la carta?" A queste persone, che siano in buona o mala fede si può rispondere con una semplice esemplificazione: se voi veniste ricoperti interamente di merda vi basterebbe asciugarvi delicatamente con della carta o preferireste farvi una doccia lavando via (e possibilmente saponando) la sporcizia? Magari chi vi ha posto la domanda è la stessa che usa la crema igienizzante per le mani dopo avere preso il metrò!

La seconda è: "Non abbiamo il *bidet* perché è una questione di cultura, e non ne sentiamo la mancanza perché non l'abbiamo mai avuto. Si può sentire la mancanza di ciò che non si è mai avuto?" A questo sillogismo da cesso, si può ribattere facendo notare che allora è inutile anche andare in giro per il mondo ad esportare la democrazia, come si sente affermare ipocritamente molto spesso, o l'educazione sessuale, o le norme igieniche. Ragionando in questo modo un boscimano solo potrebbe tenere in scacco l'industrializzazione dell'intera Oceania dicendo che lui non conosceva il cemento ed il suo valore aggiunto in termine di viabilità!

Si chiama evoluzione, ci piaccia oppure no.

Infine, quando lo zozzone è messo alle strette perché con facilità si sono smontati i suoi due primi postulati eccoci allo scontro ideologico finale: "Non è vero che in assenza di bidet non si sia puliti, in America ad esempio (dove non c'è ndr) la gente fa (da recenti calcoli statistici) tre docce al giorno". Benissimo, ma allora siamo nel campo della follia pura: ci si fanno tre shampoo al dì e il culo lo si lascia li in uno stato pietoso? Ma dove viviamo? O forse si vuole sottintendere con una certa orrenda malizia, che la doccia sia consacrata anche alla pulizia del retto[13]? Dunque lo stesso erogatore di acqua che normalmente avvicino al viso, magari godendomi il getto di una bella doccia calda, è stato usato in precedenza da qualcuno per fare un bel ripulisti anale?

Ah caspita che bello, proprio igienico.

Se prendiamo un qualsiasi dizionario scopriamo che il termine solidarietà significa: "Un atteggiamento di benevolenza e comprensione, ma soprattutto di

---

[13] Per chi si fosse posto interrogativi sulle modalità (anima candida e fortunata che non vi ha mai dovuto fare ricorso a questo mezzuccio durante un soggiorno all'estero) l'autore chiarisce che essa si pratica avvicinando il doccino allo sfintere ed aprendo il getto idrico alla massima pressione. Fondamentale è la previa regolazione della temperatura, dato che sono zone molto delicate.

sforzo attivo e gratuito, atto a venire incontro alle esigenze e ai disagi di qualcuno che ha bisogno di un aiuto". Ecco, mi immagino il colitico che nasce in UK, o in Francia o in Alabama, penso alle sue sofferenze, e al fatto che costui, forse come il *buon selvaggio* di Rosseau non abbia colpe, ma semplicemente ignori totalmente la possibilità di alleviare le sue sofferenze, e di migliorare ulteriormente quel momento estatico che è il dopo-evacuazione. Mi propongo come l'evangelizzatore del bidèt; è un oggetto troppo importante per me (per noi) affinché non si faccia del sano e disinteressato proselitismo!

OTTAVA SFUMATURA: MARRONE BUGUNDY. LONTANO DA CASA

Il nostro colon fino ad ora è stato definito in vari modi: bizzoso, imprevedibile, capriccioso, sanguinario tutti termini che non ci suggeriscono l'idea di regolarità. Eppure come visto nella terza sfumatura Esso, nella sua infinita magnanimità, è in grado di darci anche degli orari, dei tempi e metodi come direbbero i tayloristi. Pur nella consapevolezza della saggezza tradizionale secondo la quale: "El tèmp el cù fan chel che vòr lù[14]" quindi vi sono comunque intervalli più o meno lunghi di normalità e addirittura prevedibilità.

Una delle norme di comportamento più malvagie, ma anche preconizzabile riguarda i possibili spostamenti oltreconfine.

L'intestino in quel momento diviene intelligente, vigile, precisissimo: è in grado di individuare che avete superato il confine svizzero di Ponte Chiasso dopo pochi metri che siete in territorio svizzero. E' una specie di diabolico GPS che qualcuno vi ha montato alla nascita calandolo nel vostro colon e collegandolo ad un antifurto merdifero.

Infatti siccome Esso è un inguaribile patriotico, si arrabbia molto di questa vostra escursione non autorizzata[15] punendovi senza riguardo in modo subdolo.

---

[14] Le condizioni metereologiche, cosi come il deretano, hanno un comportamento che non rispetta altre regole se non i propri capricci.

[15] Sappiate che in ogni caso Lui non vi autorizzerà mai alcuna escursione.

Prima cioè se ne starà in agguato calmo calmo, tanto che quasi sicuramente non avvertirete lo stimolo per eccellenza, e forse non andrete di corpo quasi per uno o più giorni!

Poi mentre pensate che qualcuno vi abbia liberato della vostra maledizione con un esorcismo a distanza, ecco la cavalleria rusticana. Non importa se siete sulla Torre Eiffel con la fidanzata, nel Gran Canyon da soli, in un ristorantino di Saint Tropez o a Lugano a fare benzina. Avete disobbedito a Pazuzu e Lui vi colpirà con violenza, in modo tremendo, senza avviso, e soprattutto a tradimento. Sarebbe stato troppo facile e umano un attacco immediato appena varcata la frontiera!

Spiegazioni a questo atteggiamento ostruzionistico nei confronti dei viaggi ce ne sono molte, ma tutte inadeguate. La scienza in particolare si è dimostrata ancora una volta immatura di fronte ai misteri dell'intestino crasso. I cosiddetti *cambi di alimentazione e abitudine* potrebbero reggere nel caso di un avventuroso viaggio in India a mangiare quello che si trova nei mercatini, oppure girovagando per paesi arabi e acquistando i prodotti di un suk. Ma nel caso di una vacanza così esotica penso che un colitico medio rientrerebbe in Italia su di un Hercules c130 dentro una bara.

Invece un viaggiatore del nostro tipo potrebbe andare in un bel albergo a pensione completa in Costa Azzurra, mangiare in modo equilibrato insalatine e fesa di tacchino, e venire comunque colpito da questa punizione a effetto ritardato.

Dunque?

Non ci sono giustificazioni scritte o Gravi Motivi di Salute che tengano.

La domanda, a modesto avviso di chi scrive, è mal posta. A noi non rileva il perché avvenga: interessa forse al marinaio sapere per quale motivo arriverà la bufera? No, egli sa che in certe circostanze metereologiche è probabile o quasi certo imbattervisi. Lo stesso accade a noi: sappiamo che succederà, e possiamo anche in una certa misura valutarne anticipatamente gli effetti. Questo è il motivo per cui l'attacco è strisciante, e fintanto che starete al di la del suolo patrio, non vi sarà verso di regolarizzare il vostro intestino, alternando giornate di stitichezza vergognosa, ad altre nelle quale potreste concimare ettari di terra.

Certo, è evidente che un poco di saggezza non guasta, dunque è consigliabile evitare l'acqua nei paesi africani, le spezie in quelli orientali, o l'abuso di latte in quelli nordici.

Ce lo esemplifica questa storia triste, fatta di fiocchi d'avena e antibiotici, che evidenzia anche come, di fronte a certi problemi non c'è buona educazione che tenga.

QUINTA SCENA: WELCOME TO THE JUNGLE

Interpreti

- Il giovane W
- La nazione I

Il giovane W, in quanto giovane, ancora non ha preso le misure al suo sortilegio puzzolente, che comunque conosce e teme.

Si trova in viaggio all'estero, in un paese che per pudore diremo che appartiene al Regno Unito e comincia per I. In questa nazione il giovane scopre un modo di alimentarsi ben diverso rispetto al suo paese d'origine. Cioè, e detto con molto rispetto e simpatia per la nazione I, mentre a casa si mangia bene, qui no. Tuttavia proprio questo gusto per l'incommestibile dei cittadini di I lo spinge ad un'alimentazione morigerata, anche perché ben poche pietanze possono avere una qualche attrattiva per lui.

Tuttavia non riesce a trovare surrogati decenti per quanto riguarda la prima colazione: le navi con i chicchi di caffè, partite dall'Africa nel 1500, non sono ancora attraccate nei porti di I, e ciò ha causato un certo ritardo e sottosviluppo nell'alimentazione mattutina. Infatti mancano anche, oltre ai derivati del caffè come cappuccini, marocchini, macchiati e così via, anche le brioches, le pastarelle e pure la Gazzetta dello Sport!

When you are in Rome, do like the romans do, si sente dire di fronte ad una tavola imbandita all'inverosimile da dozzine di tipi diversi di fiocchi d'avena, marmellatine, burri di ogni tipo, uova, bacon, e anche tè caldo declinato in mille versioni. Cioè W può prendere un Earl Gray inglese, un Gyokuro giapponese, o un Lapsang cinese, modi diversi di scaldare l'acqua mettendovi dentro foglioline, ma come caffè vi è solo una vecchia confezione di liofilizzato, invitante quanto una camminata serale nel Bronx. W sa di non essere a Roma, ma di dovere fare *like the romans do.*

Che cosa è che fregherà W al terzo giorno di soggiorno ad I, costringendolo ad un pesante bombardamento di antibiotici, e interrompendo bruscamente il suo piacevole soggiorno? Il latte, i fiocchi di avena e...l'educazione. Una zuppa di latte con pezzi di crusca che vi navigavano al suo interno per il colitico sono l'equivalente di una roulette russa con una pistola automatica: un suicidio certo. W poteva saperlo, ma considerava quel cibo, venduto in scatole colorate, un'innocua pagliacciata, e per dovere di ospitalità ha commesso un errore impagabile.

Non c'è maleducazione che tenga o rispetto per la nazione ospitante quando c'è di mezzo il vostro colon. Anche perché la bella figura che farete onorando la tavola straniera con i cibi che loro ritengono gustosi, svanirà ben presto quando disonorerete malamente il cesso straniero!

NONA SFUMATURA. MARRONE TALPA. UN ANELLO PER DOMARLA

Avventurandosi fino ai confini estremi di questo argomento proibito ci troviamo di fronte ad un'autentica foresta vergine, un terreno mai esplorato da studioso umano: la stipsi!

Per quale motivo ogni tanto, ci sia dato in sorte di defecare pezzi di marmo appuntiti grossi come pepite del Klondike non ci è dato sapere.

La scienza di dice che è un sintomo normale della stitichezza, a causa dell'eccessivo accumulo di feci nell'intestino. Ci domandiamo allora come sia possibile che colpisca anche noi, e persino i defecatori normodotati. Qui le risposte diventano tentennanti, insicure, lacunose, come quelle di uno scolaro che non ha studiato la lezione.

Qualcun'altro propone l'origine in una disidratazione del corpo, ma anche qui non vi è l'avallo dell'empirismo.

E se la spiegazione fosse etica? Se fosse soltanto un memento, atto a ricordarci le sofferenze degli stitici quando evacuano? O se si trattasse di una variazione sul tema della nostra maledizione: "Ricordati che esisto", cosicché, anche se avrete raggiunto la postazione in tempo, ed avrete libri e giornali nuovi e croccati da leggere, state certi che non vi godrete quel momento.

Potremmo dire allegoricamente che, mentre Cariddi, che nella leggenda è *colei che risucchia* si può paragonare ad una evacuazione ordinaria, la stipsi è da affiancare a Scilla ovvero *colei che dilania.*

E dilania davvero.

L'unico che ci può aiutare è Gandalf, con un bell'anello magico, perché di questo mistero doloroso non se ne viene a capo.

DECIMA SFUMATURA. MARRONE OCRA. RICORDATI DI SANIFICARE IL GABINETTO

Ubi societàs ibi iùs. Ogni circolo ha le sue regole. Possono essere norme etiche, giuridiche, religiose, mistiche, ma sempre di un ordinamento si tratterà. Anche noi colitici abbiamo le nostre regole, ma siccome siamo una comunità *sui generis*, trattasi di semplici regole di sopravvivenza. Non possiamo metterci a fare la morale, soprattutto non abbiamo tempo, potremmo non arrivare alla *toilette* (e comunque qualche norma etica c'è anche qua).

Alcuni di questi principi li avete già trovati implicitamente esposti nelle varie storie di vita vissuta che si sono esposte, anche se una loro nuova narrazione sintetica sembra opportuna.

1) **Mai correre al gabinetto**. Si lo so, per il profano questo precetto può sembrare un controsenso, ma non lo è. Del resto parliamo di profani appunto! Chi è stato almeno più volte *veramente* male sa bene che la corsa accelera le contrazioni del colon, riducendo in modo esponenziale il tempo a vostra disposizione per raggiungere una decorosa salvezza. Dunque state fermi. Immoti. Tenete il respiro. Finito l'attacco ripartite, ma niente balzi, possibilmente camminate come se stesse pattinando. I salti possono essere fatali.

2) **Allentate la pressione.** Se siete seduti ricordate che siete soltanto parzialmente al sicuro. Infatti è vero che state evitando la situazione drastica di cui alla regola uno, ma ciò non significa che la pressione viscerale cessi (ehm scusate il verbo), semplicemente

aumenterà in modo più lento. Il consiglio è quello di togliere la cintura e slacciare il bottone dei pantaloni. In qualsiasi contesto siate: treno, auto, festa v.i.p. ecc. Se vi sembra indecente pensate a quanto sareste davvero *indecenti* in caso di esplosione.

3) **Keep Calm** E' vero, un attacco diabolico potrebbe fare perdere la pazienza anche a Gandhi però è scientificamente provato (beh, meglio, diciamo statisticamente) che il colon in qualche modo è collegato al cervello. Alcuni gravi insuccessi conclusi tragicamente con esplosioni di melma in strada possono trovare una concausa nella natura sovraeccitabile e nervosa del morituro. Del resto se lo stress e il nervosismo sono cause di irritazione, sono anche cause di accelerazione del decorso.

4) **Orientate l'aria condizionata dell'auto sul parabrezza** Puro buon senso, ma si sa, *repetita iuvat.* Anche qui non è la scienza a darci una mano, bensì l'empirismo. Pare che il colon funzioni come una centrale eolica, la quale attiva tutta una serie di letali manovellismi e puleggie quando vi arriva in modo diretto una certa quantità di aria.

5) **Non date mai troppa confidenza ad uno stitico.** Non è una questione ideologica questa, o tantomeno politica, ma realismo allo stato puro. La natura ci ha messo uno contro l'altro, come il cane e il gatto, la balena e il plancton, la pizza e i fichi e quindi pensare di andare in armonia sarebbe utopistico e contronatura (tutto insieme alla Nietzsche)

6) **Temperanza.** Dopo qualche anno troverete un discreto equilibrio con il vostro intestino. Diventerete i divinatori della vostra pancia, gli aruspici della cagata, e saprete quando l'ira del Dio Vulcano chiederà il suo

nauseabondo tributo. Infischiandovi delle talebanate del vostro medico saprete quali cibi tollera, e quali invece proprio non ha intenzione di sopportare, e lo stesso vale per gli stati emotivi. Dunque non forzate la mano, e state attenti a sgarrare, una volta la si passa liscia, ma una seconda infrazione ravvicinata equivale ad una condanna certa. E ricordate che c'è solo un modo per calmare la Sua collera!

7) **Mai cantare vittoria.** Ricordatevi che avete costruito il vostro corpo sopra una falda sismica. Quindi non siete mai al sicuro tranne quando siete *in seduta plenaria.* E nel caso della nona o quinta sfumatura neppure li.

8) **Simpatia.** Il termine deriva dal greco συμπάθεια (sympatheia), parola composta da συν + πάσχω = συμπάσχω, letteralmente "patire insieme", La sua essenza dunque consiste nel provare emozioni simili ad un'altra persona. In pratica: non rifiutate mai un gabinetto a chi è in emergenza e fate di tutto perché possa mettersi in salvo.

9) **Non desiderate il gabinetto d'altri.** L'accidia è un brutto sentimento. Evitatelo, perché potrebbe irritarvi ulteriormente il colon.

10) **Ricordatevi di non rovinare le feste.** Quando siete in società siete una bomba batteriologica potenzialmente letale. Le possibilità che non avvenga il disinnesco dell'ordigno sono nelle vostre mani. Avete dunque delle responsabilità inversamente proporzionali alle dimensioni del luogo ove vi trovate. Nel senso che una leggerezza in uno stadio potrebbe non causare troppi danni, ma in un auto, o in un ascensore non darebbe via di scampo per nessuno. Non dimenticatelo mai. Siete come gli X – men, avete dei

poteri mutanti che vi impongono responsabilità verso le persone *normali*.

11) **Onora il gabinetto tuo.** In questo luogo passerete molto tempo. Ore di gioia, ore di dolore. Dunque fate in modo che sia sempre funzionale e pulito, non manchino mai la carta, gli asciugamani puliti, saponismi vari e tanta roba da leggere. La tazza ed il bidèt devono essere tirati a specchio. Anche perché, in ossequio al comandamento 8, un giorno potreste dare asilo politico ad un colitico in esilio.

Il resto segue da sé (tanto per restare in tema Nietzsche)

www.ingramcontent.com/pod-product-compliance
Ingram Content Group UK Ltd.
Pitfield, Milton Keynes, MK11 3LW, UK
UKHW020231250726
13967UKWH00001B/304